# Cuentos de la abuelita

Rafaela Mila

LA Editorial

# Introducción

Recuerdo cuando era niña y mi abuela me contaba cuentos para dormir en la noche. Eran cuentos muy hermosos, de bellas princesas salvando a sus príncipes, osos que amaban a todos los animalitos del bosque, o de una pequeña niña que iba a visitar a su abuela enferma que vivía en el bosque.

Empecé a escribir cuentos cuando mi primer nieto nació porque se me llenó de fantasías mi mente y un deseo me cubrió el corazón y hacer feliz a ese pequeño ser que había llegado a mi vida.

Este libro quizás llegue demasiado tarde para él, pero quizás en algunos años cuando él tenga sus hijos y nietos ellos disfruten de uno de estos cuentos a la hora de dormir. Y así leerán estos lindos cuentos que he combinado con poesías y pequeños consejos, y que a estos últimos le he puesto de nombre "Chispitas de alegrías".

Mi deseo es que los niños alegren sus corazones con la lectura y mantengan una chispita de esperanza en ellos mismos.

Rafaela Mila

# El árbol de Navidad

Temprano en la mañana, Felita despertó muy emocionada. Estaba tan ansiosa que no había podido dormir en toda la noche porque muy temprano en la mañana iría con su madre al bosque a buscar un árbol de Navidad para decorar su casa.

Ella tenía muchas ideas y había estado pensando en cómo adornarlo con luces de muchos colores y algunos detalles que ella misma había hecho en el taller de la escuela.

Ese año sería la primera vez que su madre le permitía acompañarla de compras al bosque, y eso significaba que ya era mayor, era una chica de 6 años y Felita se sentía muy feliz.

Al fin llegó la hora de salir y al acercarse al vivero empezó a nevar. El frío era intenso, y pequeños copos de nieve caían en los árboles colocados cada uno en hileras como soldaditos de plomo, esperando que las familias los escogiera para celebrar la Navidad.

En ese momento Felita se soltó de la mano de su madre y señaló un árbol en la esquina del vivero.

_Quiero ese mamá, ese que está allí.

Entonces un señor muy amable se les acercó y con una pala en la mano, les pidió que lo siguieran hasta dónde estaba el árbol y seguidamente, empezó a cavar para sacar el pino de la tierra.

Felita se sentía feliz, solo de imaginar que dentro poco estaría el árbol en su salón y juntos a él estarían todos sus primos y amiguitos para disfrutar de los regalos que recibirían porque fueron buenos niños y esas cosas de ser buenos niños tienen su recompensas en la vida.

## La Bolsa Milagros

En la víspera de Navidad todo es muy animado y la abuela de Felita decidió que ese año le daría una tarea diferente a su nieta. Pensó en que ayudar a los que tienen menos que nosotros sería una buena idea y ayudaría a la niña a ser mejor ser humano.

Así que al caer la tarde le dijo:

La Navidad es una época especial, un momento que invita a compartir, a dar amor y cariño a otros. Eso es muy bueno, por tanto, te propongo que lleves la alegría navideña a tantos niños como puedas. Entonces la niña muy audaz decidió cumplir con la tarea que le había asignado su abuela.

Aunque ella no sabía qué hacer para alegrar a otros niños durante la Navidad, pensó mucho hasta que una chispa dentro de ella se encendió. Una idea se le había ocurrido, compraría algunos juguetes para los niños del hospital cercano. En eso recordó que tenía una alcancía con algo de dinero y decidió que compraría algunos regalos, los envolvería y los colocaría dentro de una bolsa.

Llegó el gran día y Felita se disfrazó de Santa Claus y, entonando villancicos, se dirigieron ella y su abuela al hospital, donde estaban los niños enfermos, muy grande fue la sorpresa de Felita cuando al llegar, estaba la sala llena de pequeños.

Ella esperaba encontrar a una docena de niños, pero en realidad había más. Se quedó pensativa no había comprado tantos regalos, pero su abuela le dijo que no se preocupara que ella había llevado también regalos y que alcanzaría para todos.

Así que comenzaron a repartir los regalos y cada vez que pensaban que se estaban acabando los juguetes su sorpresa era mayor, ya que descubrían que, al meter la mano en la bolsa, aparecía un nuevo regalo. Y así, dieron gracias a la magia de la Navidad, y ningún niño se quedó sin juguete.

## El solecito dormilón

Debía haber amanecido en el reino de las flores, ya el gallo pinto había cantado tres veces y todo seguía oscuro. De nuevo volvió a cantar él pinto del corral y no pasaba nada, no amanecía. Las aves de corral corrían como locas y se preguntaban muy preocupadas:

—¿Dónde está el sol?

La vaca mugía casi sin fuerzas, necesitaba de los rayos del sol para calentarse y dar una leche tibia, porque sentía mucho frío.

Las flores se miraban entre ellas y murmuraban;

—¿Dónde está el sol? ... ¿Sin el que haremos?

Todos estaban muy desconcertados, nunca había faltado a su cita el sol. Él debía salir a brillar.

La amapola amarilla tenía sus pétalos casi en la tierra, porque el frío de la noche había sido muy fuerte y las gotas de rocío se habían convertido en escarcha en todo su tallo.

En el alto cielo, solo quedaba un lucero que terminaba su ronda nocturna, Y casi dormido esperaba la llegada del sol para entregarle su turno de trabajo, pero todavía él no llegaba.

Ya el gallo pinto había cantado por tercera vez y todo seguía oscuro. Las aves de corral corrían como locas y se preguntaban muy preocupadas:

—¿Dónde está el sol?

Entonces gritó el lucero:

—Solecito de los rayos dorados, despierta, te necesita la tierra. Aquí todo es muy frío y oscuro sin ti, las plantas no pueden nutrirse a través de la fotosíntesis y sin plantas no habrá cosecha, ni comida.

—Recuerda que toda la energía viene de ti, los mares se mueven como consecuencia de tu distancia y el movimiento del viento es debido a como se calienta cuando esta frente a ti.

—Solecito de los rayos dorados, no hay vida sin ti, mi querido solecito.

En ese momento detrás de una nube salió el solecito entre sabanas y almohadas y dijo:

—Perdonen amigos, es que estaba algo cansado y quise dormir un poco más, no pensé que, eso traería tantos problemas en la tierra, pero hoy comprendí que todos debemos cumplir con nuestros deberes.

Entonces salió con sus rayos dorados y todo se cubrió de luz y con su gran energía todo empezó a funcionar como debía ser...

Y ahora nos cuenta el gallo pinto que tiene que correr muy ligero a cantar, porque ya el solecito se levanta hasta más temprano que el para que la vida no pierda su sabor.

## Chispita de alegría

Tu trabajo debes cumplir porque toda acción siempre tiene consecuencias, muy temprano debes cumplir lo que se te encomienda, así la vida será divertida y todos sonreirán muy felices.

# El llamado

Todos tenemos un llamado
al que debemos asistir,
no debemos estar retrasados
a la hora de cumplir.

Muchos dependerán de ti
de tus dones y talentos,
del amor que vas a compartir
en tu vida y en todo el momento.

Por eso debes ser consiente
responsable y aplicado,
tener despejada tu mente
para cumplir tu llamado.

## La margarita de colores

Era una noche en que las estrellas se toman una siesta y desaparecen del cielo, la luna un poco cansada por la semana tan ocupada se había ido a retirar detrás de una nube oscura que ocupaba un espacio muy acogedor en el cielo.

Era una noche de diciembre y hacía mucho frío, el viento que venía del norte traía ráfagas de aire congelado que se filtraban por doquier.

Había una margarita con colores brillantes que miraba desde su maceta la noche sin estrellas ya que todo lo cubría una nube negra.

Esa noche la margarita quería ver la luna, la añoraba tanto, porque le gustaba soñar con ella. La veía tan grande y hermosa en medio de la noche, y como cada día recorría el cielo, como abanico de amor, y a veces chica, a veces grande, pero nunca dejaba de hacer su recorrido.

La margarita de colores se preguntaba, si la luna no tenía frío o temor por pasear sola por el ancho y oscuro firmamento. Ella pensaba que la vida es muy difícil cuando se está sola en la noche y es que cuando todos se van a dormir, todo queda en penumbras.

Ese día, ella se sentía triste y con deseos de llorar, cuando una lágrima empezó a rodar por sus pétalos bellos y comenzó a sollozar y de pronto la luna había sentido el dolor de la margarita, asomó la cara por un lado de un nubarrón y le dijo:

—¿Por qué lloras margarita?

Entonces la margarita la miró con sus grandes pétalos y le dijo:

—Es que te veo todos los días en el alto cielo, tan bella y muy segura de ti. Tú vas iluminando el cielo y la tierra, inspirando amor a todos lo que te ven pasar, y hoy al no verte me sentí muy triste y pensé que no te vería más.

—Ay margarita bonita, no pienses así, es que tú has dejado que la tristeza invada tu corazón, y eso no es bueno para el alma. En la vida si elegimos estar tristes, entristecemos a los demás, ser positivos amiga es lo mejor que podríamos ser.

_A ver, seca esas lágrimas, le dijo a la margarita, cierra tus ojos, imagina que te estoy abrazando y transmitiéndote todo el amor que Dios me regala al estar tan cerca de él y verás que feliz te vas a sentir.

Entonces la margarita de colores cerró sus ojos y sintió un calorcito muy tierno en su tallo, y pétalos era como si el amor la abrazará y le diera la sensación de una inmensa felicidad.

Llena de alegría, la margarita, le dio las gracias a la luna por ese gesto de amor que había tenido con ella y se durmió.

## Chispita de alegría

Si compartes tu amor y alegría con los sedientos, verás cómo se les ilumina su vida al momento.

# Compartir amor

Si algo debes compartir
que sean cosas buenas,
un abrazo o el latir
de tu corazón que resuena.

Dar amor es dar vida
y hacer feliz al prójimo.
Dar amor es la medicina
que va sanando la herida.

Si compartes tu felicidad
y el amor al sediento,
alimentas la fraternidad
a todos en cada momento.

## El osito glotón

Había una vez un bosque donde cada rama de sus árboles le servía de hogar a los pájaros y ardillas, y a esos animalitos que vagan por el mundo buscando el calor y el amor que tantas veces se desea tener en la vida. Allí donde las flores silvestres tienen un color diferente por el sabor del viento.

En ese bosque lleno de ríos que con su cauce cantaban dulces melodías cuando sus corrientes de aguas chocaban con las piedras, vivía un osito gris, y muy glotón.

El osito glotón, que así le llamaban todos los animalitos del bosque, porque siempre iba buscando la miel de cada árbol que construían las abejas. Cuentan que había un frondoso árbol, que sus raíces eran bañadas por un escandaloso río, y cada mañana el osito velaba que las abejas salieran a trabajar, eran abejas llamadas recolectoras y su trabajo era extraer el néctar de las flores para llevarlo a su colmena y procesar la rica miel que nos gusta tanto comer.

El osito esperaba la salida de las obreras porque allí podía conseguir una deliciosa miel que le llaman Jalea Real, y con ella alimentaban a "La Reina Madre" que es la encargada de poner los huevos en unas celdillas que se llaman panal. Estas celdillas se utilizan para contener sus larvas y acoplar miel dentro de la colmena.

Aunque todos los días el osito se encontraba con un grupo de abejorros llamados Zánganos que hacían guardia en las afueras del panal para que nadie pudiera entrar. Esos zánganos eran expulsados de la colmena para que trabajaran, porque eran muy haraganes y solo servían para dar calor y limpiar la colmena. Cuando la Reina Madre no tenía espacio para poner sus huevos, ellos limpiaban las secciones del panal que se bloqueaban de miel y polen.

Pero el osito glotón sabía que estos Zánganos no podían hacerle daño, porque ellos no tenían aguijón como las abejas y se burlaba de ellos. Al salir de la colmena el osito siempre se tenía que esconder de las obreras que venía de regreso del trabajo. Ellas al ver amenazada su casa con gran furia le picaba el hocico al osito y él salía corriendo, gritando del dolor.

Hasta un día que se encontró con la abuela ardilla y esta le dijo:

—Tú sabes que cuando las abejas tratan de defender su colmena y te pican, ellas pierden su aguijón y mueren porque no pueden remplazarlo más.

—Ellas, osito glotón, pierden su vida al defender lo que les robas. El osito glotón quedo muy preocupado y triste, él no quería que murieran, él solo quería un poco de miel.

Entonces muy avergonzado por esa historia, prometió no entrar a robar más miel de la colmena, a menos que alguna abejita amigable le regala un poquito de ella.

## Chispita de Alegría

Sentir y demostrar respeto por otras personas no nos hace mejores que otras personas, pero si nos hace mejores seres humanos. Debemos estar conscientes de que todo en la vida es un sacrificio nos llena el corazón de bondad y nos acerca a esas personas y comprender su sacrificio, y así podemos convivir con amor y cariño.

# Respeto

Respeto siempre has de mostrar
a tu amigo o tu hermano,
ella es la miel del panal
que guía al ser humano.

El respeto, es el amor
con el que llenas tu día,
respeto es un color
cubierto de alegría.

Si él vive en tu corazón
gozarás de placer infinito,
porque recibirás bendición
por Dios a cada ratito.

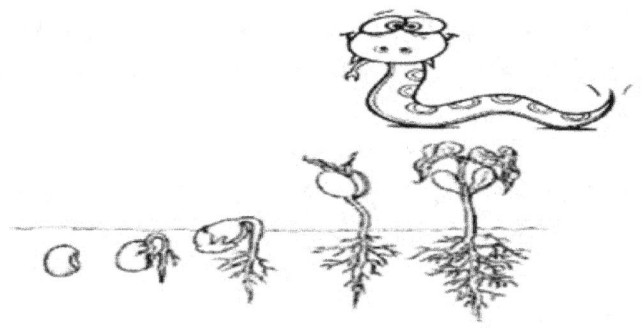

# El grano de frijol

Había una vez un grano de frijol que iba cantando por el camino que va rumbo al molino, entretenido iba mirando la naturaleza y el sol que con su luz dorada adornaba el día. De pronto en el camino se encontró con una serpiente que salió debajo de una piedra y entonces la serpiente se le fue encima para comérselo y el frijol se aterró tanto que metió la cabeza abajo en la tierra.

La larga serpiente con sus ojos que parecían dos bolas de fuego se quedó mirando donde se había metido el frijol y pensó:

—Me quedaré aquí y esperaré que salga y me lo comeré.

Así pasaron varios días, noches y hasta lluvias y el frijol no salía, la serpiente estaba desesperada porque llevaba varios días sin comer y ya casi desfallecía, hasta que un día empezó a brotar una matica verde del lugar.

Muy cansada de esperar y con hambre la serpiente le preguntó al retoño que acababa de salir;

—¿Has visto al frijol?

¿Me puedes decir dónde está el?

Entonces contestó el retoño;

—¡No sé de qué frijol hablas!

¡Solo yo estoy en casa!

La serpiente no entendía que estaba pasando y pensó:

—Yo no me comeré este retoño verde, no me apetece, aunque tenga mucha hambre. Y se fue arrastrándose, preguntándose;

—¿Dónde está el frijol?

_¿A dónde se ha ido?

El retoño verde sonrió al ver la con función de la serpiente que por no haber ido a la escuela y no querer estudiar, no compendia que él era el frijol que había sufrido una metamorfosis germinando en una hermosa matica verde en su nuevo despertar.

Ya casi sin aliento, la serpiente decidió irse arrastrándose a buscar otro frijol, o algo más que apareciera para comer, porque llevaba ya varios días sin probar alimentos. Se arrastraba con sus grandes anillos y movía la cabeza muy confundida porque no entendía lo que pasaba.

Aunque en su cabeza no se encendía una luz que le hiciera pensar que si hubiera ido a la escuela comprendería donde el frijol había ido. Arrastrándose movía su cabeza de un lado a otro por no saber.

## Chispita de Alegría

Estudiar te da conocimientos y valores para enfrentar cualquier reto en la vida, así podrás tomar decisiones sabias y nadie podrá engañarte.

## Si estudias

Estudiar te dará

miles de bendiciones,

te regalará la paz

y muchas canciones.


En la escuela aprenderás

el valor de las letras,

los números conocerás

y no tendrás quejas.


Porque el poder leer

te abre la imaginación,

para que puedas crecer

en un mundo mejor.

## La gota de rocío

Una gota de rocío viajaba en una hoja de parra que había sido desprendida por el viento, allá en el hermoso valle de la alegría. En su viaje iba por todo el mundo y admiraba todo lo que alcanzaban sus ojos.

Miraba hasta allá, donde está la inmensa línea imaginaria anaranjada de la puesta del sol, allí donde él va a dormir en las noches para descansar después de un largo y cansado día.

Allí, donde él le da paso a la bella luna y sus estrellas de plata, admirando los parajes con grandes lagos, cascadas y lindos puertos llenos de hermosas gaviotas.

También disfrutaba del nacimiento de los riachuelos y ríos que nacían de las montañas y corrían para unirse con el inmenso mar con un gran abrazo de amor. Pensaba lo hermoso que era el mundo visto desde las alturas. Ella iba dando gracias a Dios por esta oportunidad de divisar tanta belleza, y entonces le dijo a Dios:

—Yo sé que está llegando mi final, quisiera que alguien sediento de amor, disfrute lo que han visto mis ojos y ha sentido mi corazón.

—Señor Dios, dame la oportunidad de ser bendición al necesitado y afligido.

En ese momento pasaban por una tierra árida, como un desierto, allí el aire era como fuego, muy caliente por los fuertes rayos de sol y la hoja de parra se volteó y la gota de rocío cayó encima de una flor casi marchita.

La flor tenía ya sus pétalos arrugados y su tallo estaba doblado buscando la humedad de la tierra, ya casi agonizaba la flor, cuando la tocó como un dulce beso la gota de rocío. La flor al sentir esa frescura cambió sus colores porque había sentido con ese beso una experiencia maravillosa en su vida estéril casi disfuncional. Ahora sentía una deliciosa alegría y la invadía una felicidad plena, por la transformación interior que sentía al ser tocada por la gota de rocío.

## Chispita de Alegría

En el mundo también hay personas como la flor marchita que moría en el desierto y también hay personas como la gota de rocío agradecida por el amor de Dios. Ambas almas son dignas de admirar y aunque la gota de rocío vino a bendecir a la flor, la flor se abrió a ese beso de amor y dejo que su vida se transformara. Debemos bendecir a los que viven abatidos y casi muertos, trayéndoles sanidad y esperanza a sus vidas, regalan-do todo su amor como una gran bendición por el bien de la humanidad.

## Bendice al sediento

Como la gota de rocío
ve saciando la sed,
procura siempre el camino
que te ayuda a crecer.

Con ojos de piedad
debes miras al sediento,
ser honesto y sin maldad
para que sirvas de aliento.

Bendecido para bendecir
has nacido mi buen niño,
satura de amor tu vivir
y serás un hombre digno.

## El mejor amigo

En un país lejano, donde los días nacen con los primeros rayos del sol, vive un niño llamado David, ah quiero decirte que David es muy querido por todos sus amigos.

David es inteligente, divertido, se lleva bien con todos y siempre regala una hermosa sonrisa a la abuelita del parque o ayudaba a los niños más pequeños a cruzar la calle y quiero decirte que todos pueden contar con David.

También quiero decirles que no es casualidad que David sea popular y simpático ya que desde pequeñito siempre fue amable y saludaba a todo el mundo. Su corazón estaba abierto a todos. Una ternura muy grande llenaba su corazón, y de la cual era muy afortunado, sin ninguna duda era el niño con más amigos del cole y del barrio.

En esos días se celebraba el día del amigo y estaba muy emocionado, había preparado un regalo para cada uno de sus amigos. Al fin llego el día de la fiesta y todos en el cole jugaban sin parar. También habían hecho una obra de teatro y cantaban canciones, y concursos de dibujos, algunos preparando sus regalos, y al final del día, cada uno hizo su regalo a su mejor amigo.

David disfrutó dando regalos a tantísimos amigos como tenía y todos recibieron un regalo de David, al final solo le quedo en la mochila un regalo, con una envoltura diferente a los demás, era único.

Todos preguntaba a una voz:
— David, ¿para quién ese regalo? Y David reía con esa sonrisa pícara que lo caracteriza y dijo:

—Es para mi papá, él es mi mejor amigo.

La madre que esperaba a David para llevarlo para la casa muy emocionada lo abrazó y comprendió lo mucho que él quería y admiraba a su padre.

Las horas que había pasado con él y el tiempo que el padre dedicaba a su hijo habían dado frutos y ahora David sentía que su mejor amigo vivía con el todo el tiempo. La amistad no se puede comprar, pero las acciones de amor lo son todo. Si quieres amigos de verdad, tendrás que dedicarles tiempo y cariño. Con un amigo de verdad tienes que estar siempre disponible, en las buenas y en las malas.

Chispita de Alegría

Ser amigos de todos, es bueno. Abrir tu corazón con amor es muy hermoso, debemos regar el amor como una planta para que dé frutos, a veces está cerca otras está muy lejos, pero un mejor amigo estará siempre contigo.

# El verdadero amigo

Estará en todo momento,

muy cerca de tu corazón

para abrazarte con pasión.

Y si quieres ver un milagro

como una amistad sincera,

no busques en todo el mundo

lo que ya está muy cerca.

El mejor siempre está ahí

es el que espera tu llegada,

con muchos consejos para ti

cuando tienes la cara mojada.

Mojada por las tristes lágrimas

por los dolores en el corazón,

tu amigo te amará día a día

para que crezcas con amor.

## El arcoíris triste

El arcoíris de la laguna amaneció hoy triste, caminaba y caminaba cabizbajo dando su paseo matutino.

Todos los días a la hora que el sol empieza a salir y sus rayos ultravioletas acarician cada flor del campo, el arcoíris va de camino por las verdes praderas.

Ese día el triste arcoíris se detuvo delante de un pedazo de espejo que habían abandonado unos excursionistas.

Casi sin aliento, levantó el pedazo de espejo y al mirarse en él, se quedó extasiado al ver sus vivos colores que irradiaban alegría y se preguntó:

—¿Por qué estoy tan triste hoy? Pensó y pensó...

¡Pero no hallaba la respuesta! Hasta que comprendió que había dejado que las tristezas invadieran su interior y no existía ningún motivo para seguir así. Con toda esa belleza que había en él podía bendecir a todos los que estaban cerca.

Entonces reflexionó y dijo: —¡Desecharé la tristeza hoy!

Quiero bendecir a todos con este don que Dios me regaló, quiero compartir por toda la pradera y que todos los habitantes de este lugar disfruten mis bellos colores.

_Porque mis colores son hermosos, cada uno tiene un sublime significado. _El azul es divino como el cielo, el cual nos llena de paz y una dulce armonía. _El amarillo es como sol que nos da luz y alegría al corazón. _El anaranjado como el nuevo amanecer, tan lleno de oportunidades que cuando llega nos conforta nuestro interior. _El verde es el color de los árboles en primavera que llena de esperanza los sueños que algún día se cumplirán.

El índigo es la fantasía de los sueños que llevan palabras escondidas con grandes tesoros. Y el violeta es la sabiduría y la creatividad que necesita el corazón para amar, y el color de la vida y la pasión ese rojo que es fuego y misterio del amor, tan ardiente y eterno como el amor que vive en el alma.

## Chispita de Alegría

Si eliges vivir con alegrías y pensar positivamente, bendecirás con tu amor y todos disfrutaran de tu luz y los vivos colores que moran en ti.

# Con la alegría del arcoíris

Levanta hoy tu cabeza

y como un arcoíris refleja,

la alegría y no la tristeza

para que sol amanezca.

Si hoy decides ser feliz

tú debes tener en cuenta,

que el tesoro está en ti

solo debes abrir la puerta.

Si decide hoy tu brillar

debes hacerlo a plenitud,

ya que solo puedes guiar

con la riqueza de tu luz.

Así bendecirás de colores

el rostro de la tristeza,

la angustia con amores

y la alegría con grandeza.

## La luna de Queso

En la alta cornisa de una ventana todos los días se asomaba a contemplar la luna, una ratita peluda que vivía en el desván de un edificio.

Allí pasaba muchas horas admirando el astro de luz, que a veces llena o media, nueva o cuarto, siempre le parecía a un gran pedazo de queso.

Embelesada con su imaginación, la ratita soñaba todos los días como podría llegar hasta el hermoso cielo para darle una gran mordida y así saber cuan deliciosa podría estar.

Un día mientras miraba el firmamento lleno de estrellas y luceros, le llegó una prima que vivía muy cerca y entre risas y un rico café le preguntó:

—¿Por qué miras tanto la luna?

A lo que la ratita peluda contestó:

—Es que me parece un gran pedazo de queso y si pudiera llegar hasta ella, me la comería toda.

Entonces la prima la miró y sonriendo le dijo:

—¡Ay, prima!, yo creo que por no estudiar te has perdido de los placeres del saber, pero te contaré algo:

La Luna es el único satélite natural de la Tierra, y se encuentra orbitando a nuestro planeta a aproximadamente a 150 millones de kilómetros de distancia del Sol.

Y cómo es muy grande, no te la puedes comer, pero en caso de que lo pudieras hacer, te explicaré que pasaría si ella desaparece.

La prima de la ratita peluda vivía en el desván de otro edificio muy grande, era tan grande que lo formaban varios edificios más pequeños y a ese conjunto de edificios le llamaban Universidad.

La universidad era una escuela donde todos iban a estudiar y hacer una maestría de sus carreras. La prima de la ratita siempre estaba atenta en lo alto del ático y cuando oía a los estudiantes llegar, salía corriendo para aprender de las clases que daban los profesores en las salas de conferencias.

En esas salas aprendía y observaba todo, así adquiría conocimientos de todo lo que impartían, también asistía a los laboratorios y aprendía de los experimentos que se hacían los estudiantes.

Entonces, la prima de la ratita peluda le volvió a decir; Si la luna fuera queso y te la comes, ¿sabes lo que le va a suceder? —Le dijo muy seria a su prima.

La ratita peluda muy apenada le respondió:

—¿No... no sé qué va a suceder? ¡Cuéntame ya que pasaría!

—Bueno, prosiguió su prima, mira, pasaría lo siguiente:

La luna influye en las mareas de todos los mares. Si te comes la luna, ella desaparecería y entonces las mareas tendrán oleajes más suaves... Y eso sería algo muy grave para el mundo, ya que entre el sol y la luna se complementan en esta función.

En las costas existen unos lugares llamados manglares y ellos dependen del movimiento de las mareas para la absorción de su alimento y otras cosas similares. Si cambia las mareas cambiarían las corrientes de los océanos y mares y afectaría mucho el clima.

Si te comes la luna, se afectaría la atracción que tiene ella sobre la tierra, entonces todo sería un desequilibrio total.

También sería muy desastroso porque no iba a ver luz en las noches y este fenómeno afectaría en la vida de los animalitos nocturnos.

—Ya entiendes querida primita, el descontrol que existiría, solo por comerte la luna, pero ya sabes que eso no es posible, por-que la luna no es de queso.

Entonces la ratita peluda muy avergonzada por su falta de conocimiento, miro a su prima y le dijo:

—¡Que interesante prima es vivir en tu edificio!

Allí has podido aprender mucho para enseñarme en la oscuridad que vivía, allí aprendes mucho para no cometer errores y tener una vida más tranquila y sabia, y sonriendo le dijo a su prima.

—¡No habrá espacio para vivir en tu casita!


## Chispita de Alegría

Si estas atento en la vida y decides estudiar, comprenderás lo importante que es tener conocimientos y así ser de bendición a otros que viven en la obscuridad del saber.

# El saber

Un consejo te daré

el cual debes seguir,

busca el deseo de aprender

y serás muy feliz.

Brillaras en la obscuridad

y para ti no habrá errores,

conocerás la verdad

y sabiduría a montones.

Para vivir debes aprender

eso nunca lo ignores,

para que puedas bendecir

con el saber de tus dones.

## El gallo de la abuela

David es el hijo más pequeño de una familia que viven en una linda granja a las afueras del pueblo. Su casa es verde como las hojas de los árboles con un lindo techo de tejas color rojo como las rosas del jardín y está rodeada de una larga cerca blanca con enredaderas amarillas. A un lado de la cerca todos los días pasta una vaca blanca con grandes manchas negras.

En la granja también hay muchos animales, caballos, ovejas, patos y también una huerta con tomates y frijoles, y todo era cuidado por los padres de David, que cultivaban la tierra y obtenían sus buenos y bendecidos frutos.

El niño es muy bueno en los estudios, pero algo travieso, cuando él no tiene que ir a la escuela sale a correr detrás de cada animalito que se le cruzaba en el camino.

En la granja, había algo que David disfruta más que cualquier cosa, y es correr detrás del viejo gallo de la abuela, que ya no canta en las mañanas porque apenas canta se despierta David y ya saben que pasa.

Cuando el gallo viejo de la abuela ve venir a David, sale corriendo, regando las pocas plumas por todo el patio.

Un día acercaba el fin de semana y el niño estaba muy feliz, porque cada vez que llegaba el domingo, él, junto con sus padres iban al mercadillo del pueblo. Allí vendían las verduras que cosechaban en el huerto y también algunos que otros animalitos de la granja.

Ese día era diferente, todos estaban muy felices los tomates estaban muy grandes y rojos y también los frijoles, había sido época de lluvia y el cielo había sido muy bueno. Un gran regalo del cielo y por eso demoraron más en pueblo porque era una abundante cosecha.

Al regreso a la granja iban cantando, porque había vendido toda la mercancía, y no se dieron cuenta de que se había hecho más tarde que de costumbre. La noche comenzaba a caer, había un cielo estrellado y una luna muy grande se divisaba en el firmamento.

Al fin llegaron a la granja y David miró hacia el gallinero y vio al gallo viejo de la abuela parado en la cerca.

Sutilmente les pidió a sus padres que lo dejaran allí, que más tarde entraría, ya que quería contemplar la linda noche de luna llena.

Sus padres extrañados por esa actitud se miraron, pero la felicidad que llevaban no les permitió reconocer lo que el niño quería hacer y consintieron diciéndoles que no se alejara mucho de la casa.

David asintió con su cabeza y bajo de la carreta, mientras se acercaba al gallo viejo de la abuela él iba recogiendo piedrecitas por el camino, sonreía, muy dispuesto a enojar al animalito.

El gallo que no se había dado por enterado de la presencia de David se dio un susto con la primera piedrecita que recibió y se fue corriendo hacia el granero.

Entonces, David le cayó atrás y cuando fue a darle la vuelta al granero, resbalo y cayó en un hoyo que estaban cavando para hacer un pozo y era tan estrecho que no podía moverse.

El gallo viejo de la abuela se quedó parado sin moverse frente al pozo esperando que David saliera, pero David nunca salió. El animalito comprendió que el niño no podría salir y se fue corriendo para la casa.

Al llegar frente de la casa empezó a cantar una que otra vez muy alto, los padres de David, su hermano y su abuela salieron, muy sorprendidos. Es que desde que David correteaba al gallo nunca más había cantado y miraban para un lado y para otro y se preguntaban...

—¿Dónde está David?

Entonces el gallo viejo de la abuela corrió cantando rumbo al granero y los padres y hermano de David lo siguieron. Así fue como comprobaron que algo había pasado, al mirar dentro del pozo vieron a David llorando sin poder salir.

Buscaron enseguida una cuerda que estaba en lo alto de la puerta del granero y bajo el hermano de David para subirlo con mucho cuidado.

Ya arriba y tranquilos todos vieron como Da-vid abría sus ojitos y con una mirada dulce y de agradecimiento acaricia el gallo que le había salvado la vida.

A partir de ese día David fue muy amigo del gallo viejo de la abuela, porque reconoció que tenía una amistad muy linda con el desplumado gallo.

Entonces David prometió nunca más tirarle piedrecitas del jardín, ni correr detrás de él.

Ahora ellos están juntos, siempre corriendo y jugando por toda la granja hasta allá al final de la cerca donde está la vaca blanca con manchas negras pastando en el patio.

## Chispita de Alegría

La amistad es un regalo que nos hacemos a nosotros mismos, en ella encontramos teso-ros escondidos que solo podemos disfrutar si abrimos nuestro corazón y tratamos a todos con respeto y cariño.

# Amistad

La amistad disfrutarás
sí abres tu corazón,
un respeto mostrarás
a todos con ilusión.

Amigo, dame tu mano
y yo abro mi pecho,
hoy seré tu hermano
y la amistad será un hecho.

Ser amigo es un tesoro
que enriquece el alma,
la amistad es como oro
cuando el respeto hallas.

## Las amigas por siempre

Había una vez dos niñas que eran muy amigas, Ana y Lucia que así eran sus nombres vivían frente a un hermoso lago en las montañas. En las mañanas a penas salía el sol corrían a su encuentro la una de la otra para jugar en el lago dónde nadaban algunos cisnes blancos.

Allí sentadas contemplaban la salida del sol y como sus rayos iban recorriendo desde las montañas hasta el valle. Ellas disfrutaban hacer todo juntas, como ver el vuelo de las aves que migraban al norte.

También disfrutaban la caída de las hojas en el otoño, o cuándo la nieve nublaba el lago con ese color blanco que se parece a las paletas de helados que les compraban sus abuelas. Así tan divertidas pasaban sus días con la gran emoción de ser las mejores amigas.

Una mañana parecía que Ana no estaba de buen humor porque había perdido a su perrito y le dijo muy triste a Lucía: hoy, jugaremos los juegos que yo diga, hoy, decido yo, lo qué haremos.

Lucía, miró fijo a los ojitos de Ana y le dio mucha angustia al ver tanta tristeza en ellos. Su corazoncito se llenó de ternura porque siempre habían jugado los juegos de mutuo acuerdo y su amiguita hoy estaba actuando diferente y pensó qué necesitaba mucho de su comprensión, entonces le dijo.

Claro que sí, hoy tú decides que juegos vamos a jugar.

Ana, al ver a su amiguita Lucía que la apoyaba con cariño le dio algo de vergüenza por su actitud y comprendió que la amistad era eso, apoyar y animar a la otra persona cuándo está triste. No enemistarse cuando no estamos de acuerdo cómo se comporta la otra persona.

En la vida hay días felices y hay días que no son tan felices y la amistad es más que las palabras y juegos, la amistad es para toda la vida.

Entonces Ana al ver a Lucia que comprendía cómo ella se sentía le dijo:

—Amiguita perdón, yo pienso que deberíamos ir a jugar con los patitos y Lucia le dijo hoy jugaremos a lo que tú quieras y  mañana ya veremos. Entonces le dio un abrazo, un beso y salieron corriendo para ver los patitos del lago.

# Índice

# Índice